Sebo

BARBARA JONES

•BRECHDAN INC•

Argraffiad cyntaf — 2007

ISBN 978-1-84323-625-2

ⓗ Gwasg Gomer ©

Cynllun y gyfres: mo-design.com

Lluniau gwreiddiol ar t. 10 ac 11 gan Maggy Roberts.

Diolch i'r canlynol am eu cymorth ac am roi caniatâd i atgynhyrchu lluniau:
Nia Jenkins a chwmni Savonnerie Les Mourleaux t. 4 a 5; The Handmade Soap
Company, t. 7,8 a 9 Todd Carty, t. 13; Anthony McPartlin a Declan Donnelly, t. 14;
Oriel Gelf Yr Arglwyddes Lever, Lerpel am Salem, t. 20; Amgueddfa Victoria &
Albert am Bubbles, t.18; Claire Tunstall ac Archifau Unilever, t. 25 a 26; Olafur
Eliasson a'r Tate Modern am The Weather Project, t. 30.

Argraffwyd yng Nghymru gan
Wasg Gomer, Llandysul, Ceredigion SA44 4JL
www.gomer.co.uk

Cynnwys

4 Sebon...a mwy o sebon

10 Smyglo sebon

12 Opera sebon

17 Sebon tryloyw Pears

19 Bubbles

21 Salem

25 Port Sunlight

28 Unilever

8

13

17

Sebon...a mwy o sebon

Mae Nia Jenkins yn rhedeg busnes.
Savonnerie Les Mourleaux **ydy enw'r busnes.**

Mae Nia'n gwneud sebon.
Ble?
Yn Ffrainc.

Mae Nia'n
gwerthu sebon.
Ble?
Yn Ewrop, Asia,
America.

Mae Nia'n
gwerthu'r sebon
mewn siopau ac
ar y we.

Mae'r sebon yn arogli'n dda.
Mae'r sebon yn edrych yn dda.

Mae Nia'n lliwio'r sebon.
Mae Nia'n addurno'r sebon.
Mae Nia'n rhoi olew
aromatherapi yn y sebon.

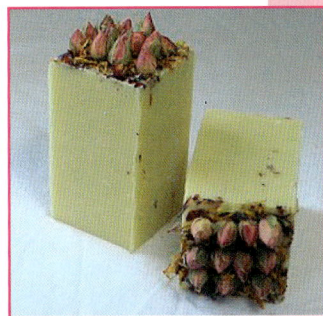

Mae Nia'n gwneud sebon pur.

Gwneud Sebon

- Mae rhai pobl yn defnyddio braster i wneud sebon - braster anifeiliaid.

- Mae rhai pobl yn defnyddio olew i wneud sebon – olew planhigion.

- Mae rhai pobl yn defnyddio pethau artiffisial i wneud sebon e.e. cemegion

Dydy Nia ddim yn defnyddio pethau artiffisial i wneud sebon. Mae hi yn defnyddio pethau naturiol i wneud sebon, e.e.

- lemwn
- olew lafant
- mêl.

Mae *The Handmade Soap Company* yn gwneud sebon hefyd.
Ble?
Yn Sir Gaerfyrddin.

Maen nhw'n defnyddio pethau naturiol i wneud sebon hefyd.
Maen nhw'n defnyddio:

- danadl poethion
- oren
- moron
- lafant
- sinsir

Ydych chi'n hoffi wyau?

Ydych chi wedi cael llond bol ar wyau pasg siocled?

Mae The Handmade Soap Company yn gwneud wyau sebon!

Mae'r cwmni yn gwneud 100 math gwahanol o sebon.

Mae'r cwmni yn defnyddio dŵr o ffynnon naturiol i wneud y sebon.

Dydy'r cwmni ddim yn defnyddio pethau artiffisial yn y sebon.

Wrth wneud sebon, rhaid meddwl am

- lliw
- teimlad
- arogl
- yr amgylchfyd.

Smyglo sebon

Cyn 1853 roedd sebon yn ddrud. Roedd rhaid talu treth ar sebon.

Cyn 1853 roedd pobl yn smyglo sebon i Brydain.

Erbyn 1853 doedd dim rhaid talu treth ar sebon.
Roedd mwy o bobl yn gallu fforddio prynu sebon.

Opera sebon

Ydych chi'n hoffi gwylio opera sebon ar y teledu -

Coronation Street, Eastenders, Pobol y Cwm, Grange Hill, Emmerdale, Neighbours?

Ble mae stori'r opera sebon yn digwydd?

Opera Sebon	Ble?
Coronation Street	Manceinion
Eastenders	Llundain
Pobol y Cwm	Cwmderi (ardal Cwm Gwendraeth)
Grange Hill	Llundain
Emmerdale	Beckindale (Swydd Efrog)

Actorion enwog

Mae actorion enwog wedi gweithio mewn operâu sebon.

Mae Todd Carty wedi
gweithio ar **Grange Hill**.
Mae Todd Carty wedi
gweithio ar **Eastenders**.
Mae Todd Carty wedi
gweithio ar **The Bill**.

Hawlfraint ©BBC

Hawlfraint ©BBC

Mae Anthony McPartlin a Declan Donnelly yn enwog. Maen nhw'n cyflwyno rhaglenni ar y teledu. Maen nhw'n cyflwyno **Ant & Dec's Saturday Night Takeaway**. Maen nhw'n cyflwyno **I'm a Celebrity, Get Me Out of Here**.

Hawlfraint ©BBC

Hawlfraint ©BBC

Mae Ant a Dec wedi gweithio ar **Byker Grove**.
Roedd Ant yn actio PJ.
Roedd Dec yn actio Duncan.

Ioan Gruffudd

Mae **Ioan Gruffudd** yn actor enwog iawn o Gymru.
Mae e'n seren ffilmiau, ac mae e wedi gweithio ar lawer o ffilmiau enwog.

Hawlfraint ©S4C

Mae Ioan Gruffydd wedi actio yn **Poldark, Hornblower, 102 Dalmatians, Black Hawk Down** a **Fantastic Four**.
Mae Ioan Gruffydd yn dod o Gaerdydd.

Roedd Ioan Gruffudd yn yr opera sebon Gymraeg **Pobol y Cwm**.
Roedd e'n actio bachgen.
Gareth Wyn Harries oedd enw'r bachgen.
Roedd Gareth yn byw mewn tafarn.
Roedd e'n byw gyda'i fam, Megan, a Reg, ei lystad.

Hawlfraint ©S4C

Pam opera SEBON?

Roedd yr operâu sebon
cyntaf ar y radio.
Roedd yr operâu sebon
cyntaf yn America.

Roedd llawer o ferched yn
gwrando ar y rhaglenni yma.
Roedd hysbysebion yn y
rhaglenni yma – hysbysebion
am sebon.

Roedd cwmni Colgate Palmolive-Peet yn
hysbysebu yn y rhaglenni yma.
Mae cwmni Colgate Palmolive yn gwneud past
dannedd a sebon heddiw.

Roedd cwmni Proctor & Gamble yn hysbysebu yn y
rhaglenni yma.
Mae cwmni
Proctor & Gamble
yn gwneud
nwyddau i'r gwallt
a sebon heddiw.

Sebon tryloyw Pears

Ydych chi wedi gweld sebon tryloyw Pears?

Beth oedd yn arbennig am sebon tryloyw Pears?

- Dechreuon nhw wneud y sebon yn 1789 yn Llundain.

- Roedd e'n sebon o safon dda.

- Doedd dim braster anifeiliaid yn sebon tryloyw Pears.

Pears' soap

Bubbles gan Syr John Everett Millais

Bubbles

Yn 1886 roedd Thomas Barratt yn gweithio i gwmni A&F Pears. Roedd Thomas Barratt eisiau gwerthu mwy o sebon tryloyw Pears. Roedd e wedi cael syniad am ffordd o hysbysebu'r sebon.

Prynodd e lun i hysbysebu'r sebon. *Bubbles* ydy enw'r llun. Am y tro cyntaf roedd rhywun yn defnyddio llun i hysbysebu nwyddau.

Doedd pawb ddim yn hoffi defnyddio'r llun i hysbysebu sebon.

Salem gan Sydney Curnow Vosper

Salem

Dyma lun enwog iawn yng Nghymru.

Beth ydy enw'r llun?	Salem
Pwy sy yn y llun?	Siân Owen
Ble mae Siân Owen?	Yn y capel
Ble mae'r capel?	Cefncymerau, ger Harlech

Mae siôl Siân Owen yn arbennig iawn.

Pam?

Mae rhai pobl yn gweld wyneb y diafol yn y siôl.

Ydych chi'n gallu gweld:

- llygad glas
- ceg
- barf wen

Pam mae llun Salem yn enwog?

Roedd copi o Salem ar wal llawer o gartrefi Cymru.

Yn y 1920au roedd hi'n bosib cael copi o Salem
am ddim gyda 7 pwys o sebon o'r enw **Sunlight**.

Yn 1937 roedd copi o Salem ar werth am 6 cheiniog
trwy **Urdd Gobaith Cymru**.

Yn y 1950au roedd copi o Salem ar y clawr mewn
calendr o'r enw **Cymru Fydd**.

Mae llun gwreiddiol Salem yn perthyn i oriel gelf
Arglwyddes Lever, Port Sunlight, Cilgwri ger
Lerpwl.

Sebon Sunlight

Dechreuodd cwmni Arglwydd Leverhulme wneud sebon *Sunlight* yn y 1880au.

PUNCH, OR THE LONDON CHARIVARI.—JULY 1, 1893.

APPOINTED BY SPECIAL ROYAL WARRANT

SOAP MAKERS TO HER MAJESTY THE QUEEN.

IF YOU WISH YOUR LINEN TO BE WHITE AS SNOW,

SUNLIGHT SOAP WILL DO IT.

SUNLIGHT SOAP.

- Roedd sebon *Sunlight* yn cael ei ddefnyddio i olchi dillad.

- Roedd cwmni Arglwydd Leverhulme yn defnyddio slogan i hysbysebu sebon *Sunlight*:

  **Sunlight gets the washing done,
  Leaving time for sport and fun.**

Beth oedd yn arbennig am sebon *Sunlight*?

- Roedden nhw'n gwerthu sebon *Sunlight* mewn bocs deniadol.

- Roedd hi'n bosib prynu bar bach.

- Roedden nhw'n gwerthu'r sebon o dan ei enw ei hun – *Sunlight Soap*.

Port Sunlight

Pentref ydy Port Sunlight.

Adeiladodd Arglwydd Leverhulme y pentref i'r gweithwyr yn ei gwmni, Lever Brothers.

Yn y pentref roedd:

- cartrefi da
- ysgol
- neuadd
- llyfrgell
- ysbyty
- eglwys
- oriel gelf

ysbyty

stryd

eglwys

Oriel gelf Arglwyddes Lever

Adeiladodd Arglwydd Leverhulme yr oriel gelf i gofio am ei wraig. Prynodd e **Salem** a llawer o luniau eraill. Maen nhw yn oriel gelf Arglwyddes Lever, Port Sunlight heddiw.

Sebon Sunlight a'r bad achub

Gofynnodd Arglwydd Leverhulme i bobl gasglu'r bocsys i helpu i brynu bad achub.

Casglwch focsys sebon Sunlight

Anfonwch y bocsys yn ôl i Port Sunlight

Helpwch ni i brynu bad achub!

Prynodd Arglwydd Leverhulme y bad achub hwn i dref Llandudno ar ôl gwerthu llawer iawn o sebon *Sunlight*. Prynodd e un arall i Brighton. Roedd enw'r sebon ar y badau achub.

Unilever

Erbyn 1914 roedd Thomas Barrat o gwmni A&F Pears wedi marw. Roedd cwmni A&F Pears wedi ymuno â chwmni Lever Brothers. Roedd gweithwyr Port Sunlight yn gwneud sebon tryloyw Pears a sebon Sunlight.

Mae cwmni Lever Brothers wedi tyfu i fod yn rhan o gwmni mawr iawn.

Lever Brothers > Unilever

Mae cwmni Unilever yn gwmni mawr iawn heddiw. Mae e'n gwneud llawer o fathau o sebon a bwyd, er enghraifft:

BWYD	SEBON
Flora	Dove
Marmite	Lux
Pot Noodle	Persil

Mae cwmni Unilever yn defnyddio hysbysebu i werthu'r sebon a'r bwyd.

Dydy pawb ddim yn hoffi'r hysbysebion.

Ydych chi'n hoffi Pot Noodle?

Mae Cwmni Unilever yn gwneud Pot Noodle mewn tref o'r enw Crymlyn, de Cymru.

Yn 2006 roedd Unilever yn defnyddio glowyr i hysbysebu Pot Noodle ar y teledu.

Doedd pawb ddim yn hoffi'r hysbyseb.

Roedd rhai pobl yn meddwl bod yr hysbyseb yn hiliol.

Mae gwefan gan yr hysbyseb:
www.fuelofbritain.co.uk

Mae cwmni Unilever yn gwneud sebon Lux.

Mae llawer o Iddewon yn Israel yn hoffi defnyddio sebon Lux.

Roedd cwmni Unilever wedi defnyddio Sarah Jessica Parker i hysbysebu Lux yn Israel.

Doedd pawb ddim yn hoffi'r hysbyseb.

Roedd rhai Iddewon yn meddwl bod angen mwy o ddillad ar Sarah Jessica Parker!

The Weather Project, Tate Modern, Llundain, 2003 - 2004

Oriel gelf y Tate Modern

Yn Llundain mae oriel gelf y Tate Modern.
Mae llawer iawn o luniau a cherfluniau yn yr
oriel.

Yno yn 2003-04 roedd *The Weather Project*.
Roedd *The Weather Project* mewn neuadd
fawr iawn yn yr oriel gelf. Roedd y neuadd yn
llawn niwl. Roedd rhaid cerdded trwy'r niwl i
edrych ar yr haul mawr coch.

Mae cwmni Unilever yn rhoi arian i'r Tate
Modern am un project mawr bob blwyddyn.
Mae Unilever yn noddi gwaith celf. Mae
noddi gwaith celf yn helpu i hysbysebu
nwyddau'r cwmni.

Yn 2006-07 roedd sleidiau uchel iawn yn y neuadd fawr. *Test Site* oedd enw'r gwaith. Roedd pobl yn gallu llithro lawr y sleidiau yn yr oriel gelf.

Mae lluniau o'r sleidiau ar wefan yr oriel:
www.tate.org.uk/modern

Roedd cwmni Unilever wedi rhoi arian i'r Tate Modern i noddi *The Weather Project* a *Test Site*. Mae Unilever yn noddi gwaith celf. Mae noddi gwaith celf yn helpu i hysbysebu nwyddau'r cwmni.